JN411128

비로소 내가 괄호 안에 들어가게 되었을 때

원도이 시집

시인동네 시인선 137

원도이 시집

비로소 내가 괄호 안에 들어가게 되었을 때

시인동네

시인의 말

꼭꼭 접은 얼굴
꼭꼭 묶은 웃음

바람은 두드린다
네 빛깔은 푸르고도 상냥하지, 어서 나오렴

통제 불능의 바다처럼
꽃잎이 닥지닥지 파도친다

나는 피었고 흘러갔고 끝났고
시작되었다

2020년 10월
원도이

차례

제2부

제3부

제4부

제1부

꽃잎

나는 바닥에 소복이 쌓이고 나 같은 것들과 휩쓸려 다니면서 철쭉 사이로 빠지고 차도로 뛰어들고 바퀴를 따라 펄럭이다가 즉사하고 아스팔트에 핏자국을 남기고, 바람을 따라 아파트 14층까지 날아오르고 모르는 집 창을 기웃거리고 잠옷 바람의 여자와 마주치고 더 높이 올라갔다가 까마득히 뛰어내리고

가벼운 것들은 춤출 수 있다 나비처럼 새처럼

가벼운 것들은 망가지고 깨지고 산산조각 나고 짓밟히고 죽을 수 있다

비로소 사방으로 내려앉아 꽃이 될 수 있다

터널

소실점 가까이 안도의 세계가 보인다 세계는 점점 커지다가 갑자기 입을 벌린다 시커먼 구멍, 일단 통과해야 한다 그 속이 비밀이든 수렁이든

영원도 낙원도 보이지 않는다 일정한 간격으로 켜져 있는 위성만 보인다 궤도를 따라가는 것 외에 다른 방법은 없다 과연 출구는 있는 걸까 자동차는 멈출 수 없다

졸지 마! 잠들지 마! 대신 새소리를 들려줄게, 얼굴 없는 새가 고래고래 운다 가만두지 않을 거야 조심해! 꿈꾸지 말란 말야! 사이렌이 비명을 지른다 나는 무지개를 놓친다 검푸른 보라색이 천장에서 어른거린다 물고기가 길을 잃고 허공에서 돌아다닌다

타이어들이 맹렬히 진동한다 세계는 끝없는 직진이다 백두대간을 지나 지하 550미터 지점을 달리고 있다 문득 숨통이 조여온다 천장 끝에 매달린 환풍기가 금방 떨어질 것만 같다 거대한 두 개의 회전판, 공회전이다

초록별을 따라간다 새로운 세계가 보이는 것 같다 출구를 빠져나온다 그러나, 거기 또 다른 아가리가 도사리고 있다

모자의 방식

당신은 날마다 무심코 빛나지
일조시간 13시간 30분, 사거리에서 바람은 자고
낌새를 읽는 건 모자의 일

목이 타들어 가는 아비뇽의 공기
체액이 녹아서 짐승이 질식할지도 몰라
축축한 마을에선 몰래 울기라도 할 텐데
감정을 숨기는 건 모자의 일

당신이 싫어지다 무서워지네
나는 먼 나라로 망명하지, 거기서도 비는 오지 않고
사람들은 더위를 팔러 떠돌아다니네

걱정은 뿔 달린 머리통의 일
그늘을 만들어 기르는 건 모자의 일
날씨는 책임이 없어
나는 조금씩 마모되면서 소금기를 키우지
맵고 짠 기분이 파랗게 구워지면 모자에 맛있는 파이를 담

겠어
은유가 넘치도록 소스를 핥을 거야

모자 속에서 풀잎들이 웃으면 좋겠어
모자를 입거나 마실 수 있다면
모자를 쓰고 사랑할 수도 있는 거야
용감한 건 언제나 모자의 일

아찔한 기후의 당신
오늘의 모자 준비하셨나요?

종이 생각

감자를 깎는다
주방 창으로 구름이 밀려온다
녹말이 흘러내린다
물이 개수대를 빠져나간다

너에게 구름이 있다
구름은 비를 뿌리고
비는 나무에 앉고
나무는 공중을 오른다
가지 끝에는 새 한 마리
새소리가 귀에 떨어진다

너는 구름과 새와 비와 감자,
나뭇잎 한 장?

나는 새로운 그림
네 피부 위에 검게 문신하려는 저녁
고무장갑에 굴복하지 않는 손가락

가스렌지를 켠다
감자를 볶다가 태운다
너는 탄소 다이아몬드
너는 구름 나무
구름이 없으면 비가 없고
비가 없으면 나무가 없고
나무가 없으면 새가 울지 않고
새가 울지 않으면 소리가 없고
종이가 없고

나는 싱크대 앞에서
구름과 비와 나무와 감자 사이를
종종종 걸어 다니고

너 아닌 것들이
나를 넘나든다

현관 등

당신이 오면 나는
20초의 꽃불이 되지

세상의 한 평이 환해지고 어항 속 금붕어가 꼬리 치고 수초가 나부끼고 솟대 위의 오리가 날지, 운동화는 걸음을 멈추고 발가락은 디딤판에 우뚝 서지, 흙 묻은 바닥과 우산 한 자루, 거리에서 따라온 먼지도, 우리 살아있는 시간은 단지 20초

20초 지나면 우리는 죽지 하루 종일 천만 년 주검이 되지
다시 발광(發光)하기 위해
신발장에서 잠든 캄캄한 심장을 꺼내기 위해
한 평에 갇힌 궁창(穹蒼)을 날기 위해

문틈을 지나는 바람보다 긴 20초
우리 사랑할 시간은 충분한가
당신이 나를 켜고 중문을 열고 안방으로 가버리는 동안
나는 봄처럼 환하다 금방 죽지
목련이 지는 일처럼

소풍처럼

소풍웨딩컨벤션홀*에 사람들이 모여들어요 잘 차려 입고 안녕안녕 축하해요 휘황한 불빛 아래 하얀 봉투를 들고 박수를 쳐요 뷔페를 먹어요 잘 살아야지 암 그래야지 소풍처럼

소풍은 즐거워요 달리는 자전거처럼 날아가는 모자처럼 부푼 구름처럼 비가 와도 좋아 바람 불어도 좋아 돗자리가 있어요 그늘막이 있어요 비 같은 건 바람 같은 건 대바구니에 담으면 그만이에요

당신 소풍 갈래요? 나와 함께 몽골초원 같은 곳 말 달리는 끝없는 밤을 지나 순한 짐승처럼 치킨바구니 들고 소풍 갈래요? 결혼할래요? 소풍처럼 깡충깡충 아아 죽음처럼

근데 당신에게 매 맞을 순 없어요 소풍처럼 웃을 수가 없어요 소풍처럼 지긋지긋한 당신 우린 왜 헤어지지 못하죠? 소풍처럼

---

* 부천 소재.

내 이름은 지진

새가 나뭇가지에 출렁 앉을 때
일몰의 눈썹 사이에서 태어난다
나는 새와 나무의 증거

나무는 잎사귀로 말하고 바람은 가지로 노래한다
새가 먼저 문을 연다
우듬지가 땅에서 가장 멀리 달아나도록 하늘을 밀쳐내고
꽃빛의 음률을 목젖에 넣어둘 때

나뭇잎은 파도치고 지층 아래 켜켜이 쌓이고
심폐 가득 자란 새소리가 집을 부순다
벽이 나무 쪽으로 넘어진다
나무는 땅 밑으로 도망치고
파동 치는 슬픔의 푸른 근육들은 자란다

쉬지 않고 매 맞는 당신
누구?

새들은 왜 자꾸 별을 물어오나
기지개를 켜고 뿌리를 뒤트나

속도가 다른 질문들이 출렁인다
당신은 아주 잘생긴 지진
나는 달린다 당신의 어깨에서 팔뚝으로 발끝으로
체위를 바꾸려고

나는 어디에나 있다
친절도 악의도 없이
내가 낳은 행성처럼 몸을 뒤집는

비로소 내가 괄호 안에 들어가게 되었을 때

불임상담실은 어둡다
늙은 의사는 종이에 숫자를 적어 누군가에게 내민다
'이날에 숙제를 꼭 하세요'

나는 볼펜의 방향을 따라 미끄러지다가 숫자에 앉아서 빤히 쳐다본다 나는 의사의 목소리를 집어타고 누군가의 귓바퀴를 맴맴 돌다 달팽이관을 지나 대뇌로 도착하기까지의 긴 여행을 즐기다가

그때 나는 아무것도 아니었고 없는 채로 세상은 널려 있었고

샤워하는 머리칼에서 떨어져 하수구의 어둡고 좁은 틈바구니를 지나 탄천으로 흘러갔고 잉어가 나를 삼키고 나는 잉어를 빠져나오고, 그때 나는 첫봄의 물빛도 비린내도 아니었고 생각도 아니었고 거친 목소리도 아니었고 서랍 속 제습제는 더욱 아니었고

말하자면 그때, 나는 단지 식탁에 놓아둔 컵의 빈 공간

어느 날 숙제를 하는 누군가가 맹렬히 나를 부른다
숫자에서 불어오는 바람 같은 것이 물크러진 토마토 같은 것이 땅을 뚫고 나오는 아지랑이 같은 것이 이리 와, 이리 와, 이리 좀 와, 아무도 들을 수 없는 천둥벽력 같은 것이 내 실핏줄을 달려와서는 없는 귀를 쑤시고 없는 눈을 찌르고 없는 입술을 빨고 없는 코에서 킁킁대고

문득 나는 멱살 잡혀 끌려가고
사과가 지구를 향해 떨어지는 것처럼 돌려놔도 북극을 가리키는 나침반의 초침처럼

비로소 내가 괄호 안에 들어가게 되었을 때
괄호는 나를 닮기 시작할 것이었다

무명

나는 당신의 자궁 속에 누워 있어요
당신은 나를 '내 귀여운 이리', 하고 부르지요
'나의 짐승이여', 하고 탄식하듯 말하지요
나는 지금 보이지 않는 사거리로 뛰어나갈
발목을 만드는 중

마흔다섯 번의 입맞춤이
나를 배달하였을지도 몰라요
열아홉의 스킨십이 눈꺼풀을 만들 때
백여덟 개의 솜털이
당신 우주의 중심에 쏟아졌을지도 몰라요

나는 아직 웃음이 뭔지 몰라요
지폐를 세면서 울 줄도 몰라요
당신은 늘 무언가 준비하고 있지만
나는 그저 내일의 옷만을 입죠
예쁜 털장갑을 탐내지도 레이스 달린 챙이 있는 모자를 원하지도 않아요

나는 아기 복숭아 같은 뒤꿈치를 좋아해요

그러나 여긴 가늠할 수 없는 물웅덩이
사지를 벌려 한껏 물의 심장을 안으면
텅 빈 손바닥이 미끈거려요
나는 그림자가 없어요
천지사방이 모두 나의 자리

나는 다만 오지 않은 시간을 빨며 자랄 뿐이죠
나를 둘러싼 이 둥근 세계가 나의 몸으로 가득해질 때
나는 비로소 당신을 벗어나겠지요

텔레비전

당신, 리모컨을 들고 내 48인치 몸뚱이를 훑어줘 시커먼 내 얼굴을 들여다보며 이목구비에 색깔을 칠해줘 붉은 닭 볏을 꺼내 왼쪽 귀를 간질여줘 속눈썹을 밀어 올려줘 입술이 요란해지도록

캄캄한 채널 하나를 발굴해봐 내가 꺼둔 게 아니라 나조차 모르던 채널을 열어봐 어쩌면 우리 눈물 흘리며 부둥켜안을지도 모르지 비트코인 채굴 값을 능가하는 애틋함이 거실 바닥을 데굴데굴 구를지도 몰라

이다지도 검은 밤
너무 검어서 이다지도 깊은 밤

나는 터치가 필요해 마법의 손가락으로 천 개의 태양을 찾아줘 천 개의 들판을 달리고 싶어 당신은 나의 어느 채널에서 잠들었나 나는 당신의 어느 채널에 갇혀 있나 도대체 어떤 채널이 우리의 꽃과 나무와 새들을 가두어놓았나

당신의 터치는 나를 발가벗기고 당신은 내 머릿속을 종일 들락날락하고 내 속에선 아직 태어나지 않은 채널들이 꿈틀거리고

서큘레이터

나는 바람의 생산자, 버튼을 누르면 심장이 뛰지 그때 날개는 약간 우쭐해 에어컨이 모르는 상하좌우를 날지 감정의 보폭만큼 네 구석은 살아나지 어쩌면 서랍장 모퉁이에서 부활절 종이 울릴지도 몰라

나는 목뼈를 버렸지, 뻣뻣한 목으로는 바닥을 볼 수 없어 왼쪽도 뒤편도 만날 수 없어 아주 멀리 달아나지 않으면 사방 천지를 볼 수 없어 달리고 달리지 그러면서 자꾸 되돌아오지 열 평에 갇혀 오만 평을 돌아오지

천장을 기웃거리는 건 나의 습관, 천장을 벗기면 별이 보인다는 걸 나는 모르지 허파에는 왜 바람만 들었을까 바람은 어디서 올까 누구도 묻지 않지 바람은 비밀의 원소, 날개를 숨기지 허공에 혈액을 공급하지 허공이 허방이 되기 전에 나는 빈방의 실핏줄을 달리지 순환되지 않는 이 하루는 얼마나 무더운가

누군가 버튼을 누르면 나는 죽지, 바람을 버리고 단번에 죽

지 계절은 달아나고 기다림은 속 빈 강정 쓸데없는 감정에서
나는 다시 태어나지

피사의 사탑

진짜 탑이 기울어졌어
쑥덕거리며 사람들이 몰려온다
한 손으로 두 손으로 민다
아저씨가 할머니가 유모차가 민다
잦아드는 오후를 기울어지는 햇살을 나의 우주를 민다

나는 똑바로 서 있다고 생각하는데
오로지 위쪽만을 향하고 있는데
맨 아래층 기둥 15개와 그 위로 6개의 층마다 30개의 기둥이 꼿꼿한데 조금도 망설임이 없는데 정수리에 달린 종들은 여전히 맑은 소리를 낼 수도 있는데

그대들은 내가 기울어졌다고 근심하는가
나는 허리를 굽히지도 않았고 장대처럼 건들거리지도 않았고 비구름을 쪼개지도 않았고 지구처럼 23.5도나 기울어져 빙빙 돌아가지도 않았는데
그대들과 같은 하늘을 이고 있을 뿐인데
날마다 지평선 밖으로 달리는 해를 보고 있을 뿐인데

보이지 않는 땅속이 궁금할 뿐인데

기울어진 것들
기울어지는 것들
기울어지고 싶은 것들과 나란히

조금은 삐딱하게 조금은 위태롭게 조금은 짜릿하게
비스듬히, 그러나 똑바로

당신의 태풍은 안녕하신가

책들아 어서 더 자라야지
당신은 근사한 나의 책에 흠뻑 물을 준다
갈피에 숨은 새들이 받아먹는다
배부른 책들이 입을 다물고
우리는 당신을 둘러메고 학교에 간다
가로수가 건들거리고 나뭇잎이 웃는다
산들바람이 부네,
즐거운 날이야
풀잎들이 순순히 몸의 방향을 바꾼다
오늘은 어디로 기울어져야 하나
비뚜름한 책들이 자라 비와 바람을 낭독한다
마을 딛는 곳마다 발이 푹푹 빠지는데
이 이상한 거울 속에는 새떼들만 몰려온다
볼펜이 오토바이를 달아 계단을 넘는다
공중에 뜬 바퀴살마다 새가 날아오른다
아무 때나 깔깔거리는 아이들
새를 입속에 잡아가두고 싶어
젖은 책들이 혀를 날름거린다

나뭇잎이 뒤집어지고
사전에 없는 말들이 몸속을 뛰어다닌다
잇몸과 뱃속을 지나 발끝에서 넘어지는 새
누군가의 마을이 무너지나봐

사월이 최면을 걸었다

엎었다 뒤집었다 파헤쳤다
죽은 시계가 나왔다 초침 분침이 떨어지고 유리가 깨지고
누군가에게 찢긴 가죽 시곗줄이 삽날에 매달려 나왔다

너덜너덜한 검정비닐 쪼가리가 나왔다 썩지 못한 하얀 스티로폼 조각이 나왔다 뚱딴지처럼 딸려 나왔다 작년에 죽은 고춧대가 불쑥 손바닥을 찔렀다 아직도 백 년은 기다려야 흙이 될 것 같은 돌멩이가 튕겨 나갔다 동강 난 지렁이를 밟고 땅강아지가 화들짝 도망갔다 파랗게 질려서 산처럼 높은 흙덩이 사이를 허둥지둥 달아났다

울타리 너머로 언덕 너머로 밭 아닌 곳으로
그것들을 던졌다

사월이 최면을 걸었다
나는 눈을 가늘게 뜨고
연두에 마취된 겨자 잎이 하늘을 밀어 올리는 것을 보았다
작은 우물 속에서 개구리가 기어 나오고 있었다

제2부

배롱나무 시절

담장 밖으로 휘어지고 있어요 뿌리는 이쪽에 두고 가지는 저쪽으로 기울어지고 있어요 선홍빛 꽃들이 막무가내 돋고 있어요 뿌리에서 정수리까지 더위가 핥은 걸까요 미끈한 몸통을 누가 비튼 걸까요 가지마다 몽글몽글 요염이 솟아요

담장 너머에서 사람들이 걷고 있어요 혼자 걷는 여자, 뒤에서 따라붙는 남자, 오후 네 시의 그림자가 둘 사이를 메워요 나무는 핑계를 댈 수도 있어요 어지러운 대서(大暑)의 체취에 대해 폭염의 미친 눈빛에 대해 혹서(酷暑)의 화끈한 혓바닥에 대해

매끄러운 가지 하나만 잡아도 꽃송이가 흔들리고 공기는 후끈거리죠 나는 후우 숨을 뱉으며 꽃게를 떠올렸어요 냄비 속 채소가 파랗게 변하고 꽃게가 속수무책 빨갛게 변하던

간지럼이 우듬지까지 펄쩍 뛰어오를 때 사방은 비등점을 콱 찍죠 더워야 피는 나무 한 석 달 열흘을 백년처럼 피고 지는, 가지들이 꼭 여민 단추를 푸드득 다 뜯어버릴 것만 같은

층간 증후군

바퀴 같은 것이 천장을 긁는다
위층 바닥이 아래층 천장에게 말 거는 소리
어이, 넌 내 바닥이야
나는 입천장 쪽으로 펄쩍 뛴다
천장에서 막힌 것을 걷어내면 하늘이지
지붕을 한 꺼풀 걷어내야겠어
귀를 멈추고 재즈를 불러올 거야
찻잔을 왼쪽으로 나르는 반 박자의 구름
바닥을 옮기는 한 도막의 기분
위층과 아래층의 리듬이 다정할 수 있도록
서로의 온도를 다시 배열해 보자구
칸칸이 당신이고 층층인 서랍 속에서
바닥을 감추고 덮개를 만들면
얼굴이 바닥나서 천장이 무너질지도 몰라
감정은 유랑할 뿐 내용을 낳을 수 없어
서로의 출입구가 시큰둥해지지
우리 새털구름을 펼쳐보는 건 어때
별들의 한숨을 읽을 수도 있을 거야

성간(星間) 침묵이 쌓여 하늘이 파래진 건 아닐까
한 계절을 밟고서야 봄은 온다
위 층운에서 뒹구는 당신의 숨소리와
내 입술 사이에서 계단이 반짝이도록
우리, 입천장을 하늘이라 부르는 건 어때

몽고처럼 빙고처럼

우리는 지금 몽고로 가고 있다
그럼, 빙고판에 몽고를 적어볼까?

말굽 소리와 양떼구름과 아기 염소의 우스꽝스런 수염, 우울증을 앓기도 한다는 낙타와 금방 떨어질 것 같은 별, 푸른 낙인의 반점과 칭기즈칸, 텅 빈 제국과 텅 빈 벌판……

우리는 가로 세로 다섯 칸을 만들어 스물다섯 개의 몽고를 집어넣는다 시베리아 횡단열차는 우리를 싣고 스물다섯 개의 몽고를 달리고 있다

창밖 빙고판에는 자작나무와 소나무가 지나가고 있다 별 모양의 보랏빛 풀꽃들이, 줄에 묶인 전신주와 끝이 보이지 않는 바이칼호수가 지나고 있다

누군가 빙고! 소리친다 몽고 다섯 개를 가장 먼저 지운 사람, 맞은편에서 시커먼 화물차가 창을 막으며 지나간다 옆 사람의 얼굴이 흐려진다 바퀴 소리가 철커덕 철커덕 침대를 흔든다

빙고! 별과 낙타를 지우고 빙고! 동전 같은 달이 저쪽으로 옮겨간다 번쩍이는 선로가 이빨을 물고 따라온다 위험표시 조끼를 입은 사람들이 역사의 얼룩진 벽을 쳐다보며 사라진다

줄줄이 지워졌잖아, 너도 빙고야! 빙고! 벌판으로 채워진 빙고판이 뾰족한 지붕을 다시 데려온다 공동묘지가 지나간다 저 많은 비석들을 지우고 지우면서 빙고!

국경이 다가오는데 빙고! 킁킁거리는 수색견을 지우며 빙고! 우리의 여권을 의심하는 러시아 경찰을 지우며 빙고! 좁은 탁자에 앉아 젓가락에 매달린 라면처럼 빙고! 몽고를 몽땅 지우면서 빙고!

도대체 어디서 왔냐고

땅속? 악취 나는 거름? 방금 흘리고 간 새똥?
아무것도 없던 곳에서 아무것도 아니었던 것들이
연두의 실루엣을 입고

지난밤 꿈속을 빠져나온 당신처럼
보이지 않는 문을 지금 막 열고 나와서

떡잎을 내밀고 나뭇잎을 매달고 쑥향을 뿌리고 버드나무가 되고 갈대가 되고 수련이 되고 호수에 빠져서 거꾸로 흔들거리며, 하늘에 주먹질도 하고 바람을 움켜쥐고 온갖 색을 다 뒤집어쓰고 분탕질도 하면서

끝내 저같이 생긴 꽃들을 밀어 올리면서

도대체 사월은 누구의 밭이냐고
거기 누가 삽질을 하고 있냐고

왜 모두 연두냐고

왜 천지사방에서 우글거리느냐고

연두의 눈망울들이 커진다
팽창한다 열중한다 외친다 흐른다 굽이친다

사마천을 생각하다

대학로 눈빛극장이었어, 사랑하면 춤을 춰라, 레츠 댄스 크레이지! 그곳은 동굴처럼 침침했어 쿵쿵 음악이 동굴을 메웠어 소리가 벽을 갈랐어 푸른 전등을 휘두르며 푸른 아이돌이 튀어나왔어 황금머리의 처녀들이 춤추기 시작했어

소리가 그들을 두들겨댔어 소리들은 귓속으로 들어가 부풀어 올랐어 등허리와 머리칼이 쿨렁이고 파동은 손끝에서 팔뚝으로 어깨로 엉덩이로 출렁거렸어 모든 팔다리가 물고기처럼 웃어댔어 깔깔

미처 몸을 빠져나오지 못한 소리가 불려나왔어 앞줄에서는 팔다리를 뒷줄에서는 모자를 빙글빙글 돌려댔어 가벼운 나뭇가지처럼 가냘프게 우는 새처럼 팔다리들이 마주 보며 웅웅거렸어 회오리처럼 순식간에 돌다가 멈추다가 뒷걸음치다가

음악의 심장에서 괴상한 사지들이 뻗어 나왔어 눈을 부릅뜨고 머리카락마다 불덩이를 달고 내게 덤벼들었어 심장의 웅덩이가 넘쳐나고 그것들이 내 아랫도리의 은밀한 머리채를 잡았

어 귀도 코도 없는 비명 같은 것이, 울부짖지도 못하는 사지를 헤매는 사지 같은 것이

이탈리아식 구멍

그곳의 집들은 예쁜 창문을 갖고 있어요 멀리서 바라보면 검은 구멍이 네 개 혹은 여덟 개씩 뚫려 있어요 그 속에 사람들이 살고 있겠죠 구멍 속에서 빵을 먹으며 구멍 속에서 포도주를 마시고 구멍 속에서 킁킁대다가 구멍을 맞대고 사랑하겠죠

구멍이 예뻐서 쳐다보는데 사진을 찰칵 누르려는데 테라스에 코 큰 남자가 담배를 피우고 있는데 아, 글쎄 수영복 가슴이 환한 여자가 구멍 속에서 튀어나오는데 부둥켜안기에 테라스는 너무 좁은데

길이 북적대요 카페가 넘쳐요 구멍을 뛰쳐나온 사람들이 많은가 봐요 지중해의 햇살을 목덜미에 팔뚝에 바르고 구멍마다 햇빛을 부어 청소를 하나 봐요 구멍으로 떠들고 구멍으로 웃으며 구멍으로 노래해요

사람들은 구멍들의 놀이를 구경하고 종들은 구멍들이 편안하라고 뎅뎅거리고 사람들은 구멍들 사이로 구멍을 뚫고 구

멍 속을 걸어 다녀요 주렁주렁 구멍을 달고 제 몸이 구멍인 줄도 모르고

그러거나 말거나

연둣빛들 태어난다
나뭇가지 아래, 둑 아래 발아래 칙칙한 빛깔들 아래 침울한 표정들 아래 까마득히 죽은 것들 아래, 머리통을 쥐어박고 밀치고 떼어내고 짓누르며 탄생하는 것들 아래

가위, 바위, 보!
햇빛은 승자(勝者) 편

물속은 좀 어둡다
징검다리 틈바구니를 지날 때 조잘거리던 물의 입술들
모두 다물면 한밤중처럼 어둡다

강이 사월의 머리채를 끌어다 담근다 햇살과 물구나무선 나무를 담근다 18층 날카로운 벽과 각진 창문과 무지개마을 304동을 담근다

구불텅구불텅 물속으로 기어드는 그림자들
물에 빠진 아파트에서 구름이 기어나온다

사월의 꽃잎이 떠간다
물속에 들지 못한 것들이 떠간다
아득한 꽃나무와 무지개마을을 빙 돌아 제 주소를 지우며 흔들리는 창문이 떠간다

갑자기 펄쩍 뛴 잉어에게 소스라치다가 뒷걸음치다가 돌아보다가
떠간다

나 여기 있어요

솥뚜껑만 한 시퍼런 이파리, 그 아래 몸 비틀며 불뚝거리는 주키니호박, 보라색 윤기를 토하는 가지, 새파란 토마토 알맹이가 주렁주렁 눈을 찌른다 울창한 하지, 그 어디에도 그림자는 없다

새소리 번쩍 날아간다
밭 모서리에서 빈 무늬 같은 것이 공중을 가로지른다
그 끝에 터럭 하나가 매달려 간다
비이 삐 비이이……

소리 쪽으로 오이넝쿨이 기어간다 벌이 날아간다 개미가 고춧대를 지나간다 귀들이 두리번거린다 귓바퀴가 살금살금 걸어간다

나는 귀들을 앞질러 가서 기다린다
소리는 보이지 않고, 밭 귀퉁이에 반 평쯤 되는 컨테이너박스가 웅크리고 있다 떨어진 문짝을 밀어내니 침침한 벽에 삽자루 두 개와 갈퀴 몇 개가 비뚜름 서서, 흙 묻은 장갑을 꿰고

있다 찌그러진 의자 밑에는 깨진 고무바가지와 주둥이 없는 물뿌리개, 밧줄 뭉치, 검정 포대 같은 것들이 구겨져서……

귀들이 걸음을 멈춘다

모서리 거꾸로 선 고무래 위에
마른 풀줄기 얼크러진 컴컴한 둥지 안에
새 새끼 세 마리가 노란 입을 쫘악 벌리는 중이었다

'나 여기 있어요, 내가 있어요'

그네

그네를 민다 그네가 간다 그네가 온다 '가란 말야' 그 억양만큼 그네가 달아난다 꼭 그만큼 그네가 달려온다 '말귀를 못 알아먹네. 아주 가란 말야!' 악다구니가 그네를 민다 철봉높이 나무 꼭대기까지 하늘까지 그러면 철봉보다 더 높은 나무 꼭대기 하늘에서 별에서 그네가 돌아온다

그네를 밀지 않는다 그네가 멀뚱하다 흔들리지 않는다 그네를 타야 하는 걸까 팔걸이도 없는 다리도 없는 의자도 못되는, 디뎌볼 땅 한 치도 없는 허공에 둥둥 뜬 그네, 바람이 민다 움직인다 흔들린다 한 뼘씩 그네가 간다 한 뼘씩 그네가 온다 바람이 가고 비가 온다 그네가 비를 맞는다 그네가 저절로 간다 저절로 온다

그네는 매달려 있다 그네를 매단 줄도 매달려 있다 그네를 탄 나도 매달려 있다 줄을 잡은 두 팔이 벌벌 떨며 매달려 있다 그네에서 내리지 못하는 내가 매달려 있다 그네를 밀지 않는 내가 매달려 있다 철봉이 나무가 하늘이 우리의 놀이터가 매달려 있다 그물에 매달린 추처럼

아이들이 몰려온다 타게 해주세요 그럼 그럼, 그네를 버린다 그네가 나를 버린다 놀이터를 버린다 나무를 철봉을 하늘을 버린다 나는 그네를 밀지 않고 타지 않고 매달리지도 않는다 버려진 그네, 우리가 버린 그네, 우리를 버린 그네

가끔씩 키스를 쓱쓱 지워요

구름처럼 떠도는 흰 손이었을까 지구 반대편까지 따라와 내 눈 앞에 뜨는 달처럼 시뇨리아 광장의 위트를 하얗게 뒤집어 쓰고 당신은 나의 손을 낚아챘죠 그리고는 머리를 조아리며 내 오른 손등에 입을 맞추었죠

순간 손등이 구름처럼 부풀어 오르는 것 같았어요 지울 수 없는 낙인처럼 그렇게 당신과 나는 한 장의 사진 속에 갇히고 말았지요 당신의 은밀한 손바닥에서 두 번 접힌 20유로의 비밀을 알아채기까지는, 당신의 키스는 유료였다는 것을

값어치를 의심하는 내게 당신은 하얀 바지 끈을 풀고 정당한 배를 보여줬죠 달 항아리만큼 크고 둥근 배였어요 2인분 치고는 좋은 가격이라고 당신은 항아리를 두드렸지요 손가락 다섯 개로 흥정하려는 내게 당신은 다시 터질 것 같은 항아리를 까뒤집어 보였어요

나는 문득 항아리가 무섭고 당신의 흰 얼굴이 무서워져서 엉겁결에 값을 지불했지요 그제야 당신은 느릿느릿 등을 보

이며 떠나가고 그 자리엔 희디흰 키스의 맛만 손등에 남았지
요

신용카드

나는 마법을 가졌어요 당신이 좋아하는 골드바나 핫바, 캠핑카나 바닷가, 가재요리 가득한 식탁과 한 잔의 커피에 날개를 달아 당신 앞에 배달해 줄 수도 있어요

나의 집은 당신의 지갑 깊은 곳 거기,

가로 8.5센티미터 세로 5.4센티미터쯤인 황금비율의 몸, 당신은 나를 아주 소중히 여기죠 때로 당신이 계산대에 나를 두고 갈까봐 걱정하지만 나는 당신의 이름과 생년월일, 나를 들고 자신 있게 걸어가는 당신의 발걸음과 나를 만지는 손가락의 감촉까지 기억하죠

거대한 현금지급기의 명령에 순종하며, 언제나 단말기의 지시에 따라 번호를 누르고 한 점의 고뇌도 없이 돈다발을 불쑥 내밀죠 이렇게 나는 당신을 살뜰히 보증하고 당신은 나의 부채를 은근히 헤아리면서

그런데, 오늘은 왜 가위질하나요? 내 기억은 왜 조각나야 하

나요? 나는 왜 어둡고 침침한 쓰레기통에 처박히는 건가요? 마법을 풀고 싶지 않은데, 당신 주머니에 흘러들고 싶은데

강아지

밀가루나 돌가루 같았어요
아모레파우더 같기도 하고 누군가의 살비듬이 소복이 쌓인 것 같기도 했어요 분골함에 용각산처럼 담겨서 손가락으로 찍어 한번 맛보고 싶었지요 목구멍에 걸리면 매캐한 기침이 튀어나왔을 거예요 어쩌면 단지 안에서 연기가 피어나 알라딘처럼 뿅뿅 그가 나타날 것도 같았지요

그것을 천변 철쭉 속에 뿌렸어요
쥐기도 전에 손가락 사이를 빠져나가 손등에 내 스커트에 얼굴에 붙고 붉은 꽃잎을 하얗게 물들이다가 부스스 날아가다가 땅바닥에 흰 그림자를 그렸지요

경칩 날 나는 그 철쭉 옆에 앉아 있어요
검은 나뭇가지 검은 흙먼지 그늘 속에서 검은 개미 한 마리가 기어나오더라구요 코털이 간지러운 것처럼 그것은 내 발등을 따라 조물조물 길을 만들었어요 내 종아리는 잠시 떨리는 나무가 되었지요

그때 개 목줄 당기는 아줌마의 목소리가 들리고
조깅하는 남자와 유모차의 자전거 종소리 구급차 소리 지나가는데 휴대폰이 울렸어요

'구피 한 마리가 수족관에서 튀어나왔어!'
'바싹 말라서 변기에 넣어버렸어'

친퀘테레의 빨래

벽에 붙어 있어요 줄에 매달려 있어요 나란히 걸려 있어요 옆의 것들 힐끔 봐요 빈 바지가 빈 티셔츠가 발 없는 양말이 텅 빈 브래지어가 젖어 있어요 젖은 몸을 조금 뒤틀어요 햇빛 쪽으로 조금씩 꿈틀대요

바람이 불어요 올과 올 사이에서 너울이 솟아요 혼자 펄럭여요 여럿이 펄럭여요 버둥거려요 날아갈 수 없어요 집게를 흔들어요 줄을 흔들어요 벽을 걷어차요 덧칠하고 색바래고 칠이 벗겨진 귀퉁이가 떨어진 벽을 걷어차요

사람들은 모른 체해요 그것을 두고 돌아다녀요 카페에서 스테이크를 잘라요 주스를 마시며 그것을 쳐다봐요 쳐다만 봐요 그것은 말라야 해 바짝 말라야 해 아무리 버둥거려봐야 어쩔 수 없을 걸 집게로 매달아 놨는데 어쩔 것이야

구경꾼은 사진을 찍어요 색깔마다 다른 벽에 얌전히 붙었다고 동화처럼 예쁘다고 높이 걸렸다고 아슬아슬 짜릿하다고 뻥 뚫린 바지를 발목 없는 양말을 가슴 없는 브래지어를 얼굴 없

는 수건을 찰칵 찰칵 찍어요

그것의 파도를 그것의 너덜함을 그것의 비루함을 그것의 낡음을 그것의 몸부림을 그것의 버둥거림을

* 친퀘테레(Cinque Terre): 이탈리아 해안가 마을.

50그램의 무지개

여자가 자꾸 나를 들여다봐요 손님이 와도 짖지 않는데 물똥도 안 싸고 오줌도 싸지 않는데 귀가를 환영하는 내 꼬리가 사라졌는데도 말예요

여자는 어제 경북 봉화에 다녀왔대요 평택제천고속도로 터널 속에서 무지개 색깔의 궁륭을 봤대나 어둠 속에 무지개가 서 있었대나

여자가 소고기를 잘게 썰어 내게 내밀었어요 고개를 돌렸어요 나의 모든 식욕이 잠에 휩쓸려가고 있었어요 네 다리를 옆으로 모으고 나는 사방으로 천천히 사라지고 있었어요

여자가 나를 안아주는 것도 같은데 여자가 어디론가 뛰어가는 것도 같은데 나의 잠이 달린 것도 같은데 내 몸이 깊이도 넓이도 모를 어둠 속 돌이 된 것도 같은데

사람들은 내가 무지개다리를 건넜대요 나는 무지개다리를 본 적도 없는데 무지개 안에서 50그램의 가루로 변한 것뿐인데

제3부

맥주

당신은 황금빛이거나 흙빛이거나 무지개이거나 어두운 갈색이거나 언제든 병에서 빠져나오기를 기다리는

잘린 목처럼 뚜껑이 나뒹굴기를 주둥이가 열려 온몸이 쏟아지기를 병 밑에서 그르렁거리는 세상이 터져 나오기를 기다리는

숨 막히는 당신은 피도 눈물도 없는 자객에게 순식간에 목이 따지기를 기다리는 당신은 펵, 하는 천지개벽을 기다리는 당신은, 그것이 거품일지라도

당신은 어디서 왔을까 두줄보리알갱이에서? 보리밭 허공을 수직으로 오르내리는 종달새 울음에서? 멈추지 않는 바람을 찢는 매미 울음에서? 시선으로 베어진 보리줄기 그 밑동에서?

당신은 거품 속에서 꽃잎으로 태어나길, 붉은 갈증의 입술에 달라붙기를, 갈라터진 어느 입술을 지나 메마른 입천장을 지나 길고 어두운 구멍을 꿈꾸는

소실점(消失點)

검은 나무가 스쳐 지나간다

발밑에서 바숴지는 낙엽이 지나간다 지금 막 떨어지는 단풍잎이 지나간다 우리는 줄지어 걷고 있다 맨 앞 사람이 그곳에 가장 가까운 듯이 보인다 산 너머 공원을 향해 걷고 있는데 알지 못하는 사이에 우리는 그곳을 향해 걷고 있었다

길들이 그곳으로 모이고 있다

우리가 걸어온 산길과 샛길과 아스팔트가 모여들고 있다 까치가 우는 일이나 해가 지는 일이나 흰머리의 억새가 흔들리는 일이나 모두 그곳으로 모이는 일이다 문득 오후 다섯 시의 바람이 공원으로 모여들다 흩어진다

가뭇없어 보이는 그곳, 언제나 멀어 보이는 그곳, 곧장 가야 하는 그곳, 한쪽으로 굽어지기도 하는 그곳, 긴 터널의 끝에서 반드시 마주해야 할 것만 같은 그곳, 옷 벗은 나무들의 길 위에 서면 지나온 길과 다가올 길의 저 끝에서 손짓하는 그곳, 도처에 널린 그곳, 우리가 선 곳이 그곳일 수도 있는 그곳

그곳은 다가가면 달아난다

그림자 없는 짐승처럼 걸을 때마다 그곳은 자꾸 생겨난다 초사흘달이 생겨나고 가로등이 생겨나고 공원에 밤이 생겨나는 일처럼

부서진 것들은 주소가 없다

— 신두리 사구

해가 지는 쪽에서 바람이 불어온다
모래가 몰래몰래 기어간다
언덕에 눕는다 슬금슬금 커지는 언덕
바서진 나비가 쌓이듯 마른 웃음가루가 쌓이듯
물기 없는 능선이 자란다
사구를 향해 걷는다
바람이 불 때마다 갈대 부서지는 소리가 난다
부러진 갈대 사이로 모래가 기어간다
물결무늬가 생겨나고 무늬를 밟으면서
무늬에 빠지면서 우리가 걷는다
모래가 발목을 잡는다 양말 속 신발 속으로 침입한다
뒤꿈치 정강이를 깨문다 목구멍까지 쳐들어온다
일몰의 햇살이 한눈파는 사이
우리가 더 빨리 걸음을 떼어놓는 사이
하얀 살갗에 새겨진 검은 어둠이 몽골사막에서 달려오는 사이
벌거벗은 시간이 모래 위에 눕는다
아무것도 아닌 것을 움켜쥐고

어디선가 다시 바람이 분다
바다가 넘실거린다 모래가 움직인다
언덕이 사라진다 조금씩 파이며 구덩이를 만들며
우리는 굴러떨어진다

부서질수록 가벼워지는 나비,
그렇게 없는 주소를 찾아간다

징검다리

쪼개진 비명들이 나란히 누워 있어요
물에 뜬 듯 잠긴 듯 고꾸라진 듯
그 밑에 누군가의 얼굴을 숨긴 듯 감춘 듯
서로 닮은 듯 닮지 않은 듯

한 줄에 꿰인 굴비두름 같은 것 사이로 물이 흘러요
물은 제 몸을 갈라 비명과 비명 사이를 가요
한 얼굴이 다른 얼굴을 만나듯

수천의 물방울이 튀고 물소리가 생겨요
무지갯빛 순간이 반짝해요 물 안에서 물 밖에서
멈춘 듯 멈추지 않은 듯 닮은 듯 닮지 않은 듯
띄엄띄엄 촘촘히 하루가 흘러요

오늘은 어떤 그림자가 물과 비명 사이를 건너가요
돌 하나를 밟고 돌 둘을 밟고 물소리를 밟고
발자국이 찍힌 듯 찍히지 않은 듯 가고 있어요
건너편에서 새떼들이 앙칼지게 울고

나뭇가지 끝에서 잘 익은 사과처럼 해가 떨어져요
사과를 잃은 나무는
여기저기 빈틈없이 어둠이 자라요
누가 칠흑을 건너고 있나 봐요

잉어들은 어떻게든 산다

구정물 속에서 산다 뿌연 먼지 속에서 산다 물속에 둥둥 떠 있는 구미동 낡은 아파트 속에서 산다 그들은 아파트를 헤집으며 먹이를 찾아다닌다 아파트가 흩어진다 물속이 보이지 않는다

누군가 먹이를 뿌려준다 큰 것은 입도 크다 입속은 캄캄하다 잉어들이 아귀같이 몰려온다 함박눈처럼 먹이가 쏟아지길 바라는 잉어들이 강둑만 쳐다본다 입을 크게 벌리고

움켜쥐면 미끈덩 소리를 내며 빠져 달아날 것만 같다 달아나 봐야 물속일 것이다 물도 몸통도 잿빛인 것들이 간혹 희망처럼 황금빛이 도는 것도 있다 그것이 지느러미를 펄럭거릴 때면 흐린 물이 무지개처럼 반짝할 때도 있다

잿빛들이 이리저리 몸뚱이를 부딪힌다 꼬리에 등짝에 비늘 자국이 맴돈다 스르럭 스르럭 자국들이 다른 몸통을 부빈다 물이 요동친다 허기가 파도친다

화장실에서 태어나 화장실에서 죽은 한 아기를 위하여

맘껏 울게만 해주세요
나는 요람도 자동차도 피자도 원하지 않아요
내 소원은 오로지 우는 것,
울음으로 울음이 완성될 때까지
세상의 모든 귀가 울음으로 환해질 때까지

청소기

그는 닥치는 대로 삼킨다
눈에 보이지 않는 먼지, 핀이나 이쑤시개, 빵 부스러기, 동전은 물론 방바닥에 어른거리는 햇살, 그림자까지 먹어치울 기세다

그는 지금 카펫을 물어뜯는 중
찌르고 뜯고 삼키면서 헉헉거린다

그때 그의 심장은 지구보다 빠르게 회전한다
그는 그 힘으로 바닥을 긴다 마루가 숨긴 틈새와 구석을 핥는다 컴컴한 침대 밑까지 미친 듯이 파고든다

오로지 빨아들이기 위해 태어난 것처럼
먼지를 타고 지구 밖으로 나갈 것처럼
감히 초록이나 꽃잎 같은 걸 만들 수 있다는 듯이

누군가 속삭인다
'네 힘은 잠시 빌린 것이야, 언젠가는 돌려줘야 해'

>

그는 물고 뜯고 삼킨 것들로 한 나라를 만든다

어둡고 좁고 기다란 식도 끝에 먼지의 나라를 건설한다 먼지나라의 먼지들은 엉키고 풀어지고 이합집산하면서 소용돌이친다

그가 삼킨 것들이 구덩이에서 그를 쳐다본다

곰쥐

울지 말래두! 울면 저기 곰쥐가 와서 콱 물어! 죽은 할머니가 말한다 나는 웅얼거린다 알캉 달캉 알캉 달캉 아, 오늘은 무얼 먹을까

지붕 아래는 아기와 죽은 할머니가 잠들고 그 잠을 따라 안도하는 나의 별들, 별은 너무 높은 곳에 있어 거기에도 아프리카가 있을까 별들이 죽지 않는 숲, 허기가 무럭무럭 나무가 되는 나라

조금 따뜻해진 것 같은 기분으로 나는 밤을 갉는다 곰쥐처럼 할머닌 틀렸어 곰쥐는 물지 않는다구 밤새 들보를 갉아대는 거야, 밤은 늘 어둡고 어둠은 공기처럼 숨을 쉬고 결코 썩지 않는다 바스락바스락 천장과 지붕 사이에서 누군가 싼 똥들이 굴러다니는 공중에서 나무토막 같은 밤을 갉는다 갉아도 갉아 먹어도 배고픈 새벽이 오고

조금씩 벼려지는 곰쥐의 이빨, 벼려질수록 들보는 가늘어지고 언젠가 집이 무너지는 걸까 무너진 만큼 귀와 눈은 밝아질

까 사부작사부작 밤새 보따리를 싸던 할머니의 치매처럼 시골집 달아난 황소를 찾으러 간다고 번득이던 할머니의 눈동자처럼 때가 되면 언제나 곯아떨어지는 할머니의 그 새벽처럼

들보를 갉다가 통나무 같은 울음을 갉다가 건너편 잠들지 않는 지붕과 지붕 사이를 건너다니다가 어둠이 가고 다시 오고 몸통은 작아지고 꼬리는 점점 길어지고 얼굴도 없이 귓바퀴만 커지고

두더지 놀이

들어가, 들어가, 들어가란 말야 누군가 자꾸 정수리를 두들겨 팬다
내 머리 하나가 툭 튀어 오른다
여기저기 수많은 내가 '나 잡아 봐라' 혀를 날름거리면서
이건 게임일 뿐이야, 오늘은 바람 좀 쐬어야겠어 나는 헤엄칠 줄 안다구, 나무를 기어오를 수도 있어

당신들은 대체 몇 개의 동전으로 망치를 산 거야, 알량한 스트레스는 또 얼마나 우쭐해졌을까, 곧 동전이 바닥나겠지
거리의 불빛들이 돌아가고 망치가 보이지 않는 밤
나는 죄가 없어, 더 약올려주고 싶은데, 내 머리는 땅속으로 달아나고, 나의 동굴은 점점 길어지고, 빈 동굴은 부풀어 오르고

캡슐호텔처럼 안전한 그곳을 파볼까
밤처럼 가득한 애벌레와 번데기와 지렁이를 잡는 거야, 맛있는 어둠을 살찌우는 길, 삽처럼 생긴 열 개의 손톱으로 노를 저어야지, 흙의 바닷길을, 더듬어서 환히 보는 발가락으로

지네의 독 같은 슬픔을 잡아먹고 달팽이 같은 시간을 쪼개면
서

나는 상추의 푸른색을 미친 듯 먹고 싶어, 어둠에 취한 몸
통에 뽀얀 햇살을 붓고 싶어, 열기 가득한 공기를 마시고 싶
어, 어둠의 내장으로부터 솟아오른 것 같은 나는, 끝없이 동
굴을 파야 하는 나는,

오늘의 게임을 시작해볼까?
이봐, 당신들, 오늘의 동전 준비했어!

북해도, 눈의 나라

하얀 양의 탈을 뒤집어쓰고 나뭇가지에 걸터앉아 볼까?
미친 양떼처럼 날뛰면서 미끄러운 길바닥에서 산등성까지 내쳐볼까?
통째로 발라 먹히고 토막이 된 나무들처럼 쓰러져 볼까?
실컷 뜯어먹고 누군가 버린 애인의 뼈다귀처럼?

사실 오늘은 내가 한 일이 아니라는 듯 하얗게 묻어버리고 싶다
언제 하늘을 가리고 별을 삼켰냐는 듯 언제 눈밭을 뒹굴고 품속을 파고들었느냐는 듯 언제 낄낄대며 눈싸움 했냐는 듯
더없이 순결한 표정으로 나무와 나무 사이에서 졸고 싶다
소복소복 웃음을 다 잡아먹고 싶다

너는 왜 흰색에 열광하지 않는가?
너덜너덜한 발자국 비루한 그림자에 순백을 칠하고 싶어 하지 않는가?
달콤한 키스와 거짓의 입술 나불거리는 것들
왜 하얗게 지우고 싶어 하지 않는가?

지옥까지 분칠할 수 있다고 왜 믿지 않는가?

철 지나면 자취도 남지 않을 몸뚱이들이 제 물길을 따라 흘러간다
대체 백설의 나라란 것이 진짜 있었냐고
언제 누가 이 별에 와본 적 있었냐고 시치미를 떼면서

오르골 나라

보석함 작은 문을 열면 쟁쟁 울어요 보석은 없고 빈방이 울어요 그렇게 당신을 그리워한 적 있어요 뚜껑을 열지 않으면 들리지 않는 소리, 오늘은 초밥 모양의 오르골 속에서 당신이 울어요

언젠가 당신이 동경에서 사다 준 꼬마 인형, 검지 반 토막도 안 되는 쌀알 같은 얼굴, 처음 선물이었지요 시월 스무엿새, 꼬마 인형이 조심조심 내 몸속 신열을 더듬으며 지나가던 날

쥐방울에 묻은 먼지처럼 숨은 구석에서 들려오는 오르골 소리, 그 방에 가서 다시 태엽을 감으면 그 꼬마 인형이 눈을 뜰까요

여기는 먼 나라의 오르골 전시장, 인형들이 내 귀를 찔러요 내용 없는 애교처럼 아우성처럼, 나는 피 흘리는 귀를 던져주고 나왔지요

눈길 바닥이 질척거렸어요 시커멓게 흉해진 눈빛처럼 나는

그만 차량통행 방지석에 주저앉고 말았어요

낯선 거리엔 갖가지 오르골들이 지나가고
다만 커피 한 잔만큼의 휴식이 필요했어요

눈이 온다

아무것도 보이지 않는 곳에서 온통 회색뿐인 곳에서
그곳이 구름이라면 하늘이라면 그것들의 안팎에서 그것들의 한복판 아득한 곳에서
불쑥 한 점이 생겨나 작고 희미한 점이 마구 생겨나
금방 몸 부풀어 움찔 사방으로 달리다 휘몰아치다가 사선으로 곡선으로 엉키다가 저마다 흩어지다가

멀리 아파트 지평선을 지우고 기어가는 자동차를 지우고 무지개 사거리를 지우고 해를 지우고 달을 지우고
메타세쿼이아 가로수를 다 덮을 듯 장미넝쿨이 붙은 담장을 묻어버릴 듯
눈앞 엘지아파트 204동을 잡아먹을 듯

창 안을 기웃거리다가 빈 식탁을 훔쳐보다가 꽃기린 화분을 흘끔 들여다보다가 오르가즘처럼 하얗게 떨다가
창에 부딪혀 제 몸피 박살나다가 난간에 걸려 옴짝달싹 못하다가
14층 아래로 더 아래쪽으로 자두나무 가지 사이로 곤두박질

치다가 아주 바닥으로

그게 뭘까?

결국 형체도 없이 녹을 것들이 감쪽같이 사라질 것들이 기어코 물이나 될 것들이 한 사나흘 질척이다 말 것들이

눈알 번득이며 그늘을 움켜쥐고 지나가는 사람의 뒤꿈치를 콱 물어 벌러덩 자빠지게 할 것들이

어느 생의 발모가지나 뚝 부러뜨릴 것들이

그 웅덩이 안에

— 등별지옥곡(登別地獄谷)*

지옥의 골짜기를 보러 줄지어 간다
눈발이 몰아친다
어깨에 모자에 눈썹에 들러붙는다 지옥을 몰래 품은 사람들이
어쩌다 바깥으로 삐져나온 지옥을 구경하러 난간을 붙들고
조심조심 지옥의 계단을 디디며
숨구멍으로 들이치는 눈발에 캑캑 기침을 하면서

저 순백의 절벽 아래 거무튀튀한 냇물이 흐르는 곳
누군가의 죄가 흐리고 어둡다
여기저기 연기가 피어오른다
씻지 못하고 태우지도 못할 것들은 모락모락 산등성이를 기어오른다 유황 냄새가 코를 찌른다

지옥의 과즙은 끝없이 솟고 흘러간다
그 길을 따라가다 왼쪽 발이 미끄러진다
아이젠 한쪽이 벗겨지고 돌아서서 두리번거리며 절룩절룩
걸어간다 부우연 골짜기가 흔들린다

나뭇가지에 쌓인 눈이 산죽의 머리를 짓누른다

잔뜩 웅크리고 지옥의 웅덩이를 들여다보는 사람들
세슛대야만 한 웅덩이 안에서 무언가 부글거린다

---

* 홋카이도 노보리베츠에 있는 폭열화구의 흔적.

가방의 꿈

커다란 가방 안에 꽃무늬 손수건을 넣었습니다 티셔츠 두 장과 클렌징폼과 나비, 연필 한 자루와 일곱 겹으로 봉인된 문장 그리고 당신의 눈썹과 신발을 넣고, 기차를 탔습니다

나무들이 흘러갑니다 모내기하는 사람들이 지나갔습니다 기차는 가방을 껴안고 까마귀를 따라 멀리 날아갔습니다 지나는 역마다 사람들이 가방을 노려봅니다 가방이 무서워 집들이 달아납니다 가방을 눕힐 방들이 고개를 흔들었습니다

가방이 무거워 해가 기울었습니다 꿀꺽 가방이 해를 잡아먹었습니다 뚱뚱해진 가방을 데리고 바퀴가 굴러갔습니다 보도블록 틈새를 지날 때 잠시 주춤했지만 가방끈이 재촉하자 네 개의 바퀴가 다시 굴러갔습니다

바닥이 없는 다리를 건너가다 가방을 놓쳤습니다 젖은 몸이 부풀고 강물이 검은 입속에서 가방을 토해냅니다 곤죽이 된 가방을 열자 속에는 아무것도 없었습니다 퉁퉁 불은 허공이 나를 쳐다보고 있었습니다

제4부

너를 건널 때마다 꽃이

너를 건널 때마다 꽃이 피어나 지날 때마다 나풀거려 다리에서 분홍걸음이 피어나 하루처럼 촘촘한 난간 붙박이 다릿발 밑에서 물의 골목에서 잉어가 피어나 구물구물 모랫바닥에서 피어나 페튜니아 그림자를 흔들어 등줄기가 까매

누워 있는 잉어를 본 적 있어 부유물이 걸린 버들가지 갈대 옆에서 아무것도 피어나지 않고 비린 햇살이 튀어나왔어 조각난 비늘마다 은박지 같은 나날이 박혀 있었나 봐 부서질수록 빛나는 햇살처럼

우리, 물을 잔뜩 만나서 다리를 건너고 있나 봐 구겨진 은박지를 입고 분홍빛에 베이면서 은박지 하나에 지느러미 하나씩 던져주면서 까매지면서 피어나면서 물 빠지면서

호두나무 전집

너덧 뼘의 둥치는 양장본이다
햇살과 바람과 흙이 반세기쯤 뭉쳐 있다
표지를 넘기면 혜성쯤에 닿을 페이지와 행간이 열리지만
우리가 보는 것은 오늘의 가지와 나뭇잎

가지에는 어린이와 신발장과 몇 권의 책, 그리고 하루
우리는 오늘을 매달아 반짝이는 나뭇잎을 사랑한다

팔월의 농염이 시시해지는 어스름이다
연애의 삭정이를 삽화에 넣다가
구름이 스쳐간 옹이를 목록에 올린다

호두나무 전집은 누가 읽을까

왼편 가지에서 오목눈이가 오후 다섯 시를 읽다가 날아간다
정수리를 놓친 새털구름을 노을이 읽는다
어떤 나뭇잎이 편서풍을 읽다 떨어진다
읽거나 읽히지 않거나 둥치는 검어지고 어제는 딱딱해진다

갈피에서 회오리치는 문장
멀리서 보면 처음도 중간도 끝도 호두나무 한 그루
낮과 밤이 뒤섞인 것처럼 한통속
뿌리는 수액을 길어 오늘의 문장을 서술한다

작고 둥근 호두알 속에 주제는 모인다
나무가 호명한 세계가
뇌수 속에 상형문자로 찍힌다

그리고 우리는 전집 속으로 걸어 들어갔다

방울토마토의 입으로

고춧대를 덮고 오이넝쿨을 넘는다
감춰둔 지네발을 꺼내 건너편 이랑으로 기어간다
온몸에 핏방울을 달고 그것을 질질 끌면서

얼마나 더 가야 핏방울들이 더 환한 열매가 될까
흙투성이 발들이 헉헉거린다

갈수록 우거지는 습기와 잘라내야 할 곁가지들
핏방울 몇 개 굴러떨어져도 좋아

언젠가 나도 여린 모종이었을까
사방에 흘러넘치는 허공이었을까

붉어지던 해가 차가와진다
나날이 기울어진다 나날이 넘어진다 나날이 흔들린다

누군가 지지대를 세우고 있다
막대를 가로지르고 그 위에 늘어진 가지들을 얹고 있다

수많은 나의 발을 철사로 동여매고 있다

문득 나는 방향을 잃고 어떤 가지는 쭉 찢어진다
주렁주렁 매달린 것들이 목줄기를 잡아당긴다
묶인 고개가 모로 떨어진다

미세먼지

단번에 너를 박살내고 싶은데
너는 이미 오래전에 부서져 있더군

제발 모양이 있는 듯 없는 듯 그렇게 흘러 다니지 마 하수구의 썩은 냄새처럼 망가진 꽃가루처럼

없는 발을 슬금슬금 뻗으면서
바람이 네 발들을 옮겨준다고 생각하지 마 천지사방이 네 자리라고 우쭐대지도 마

네가 나의 고향이라고?
내가 너의 고향이라고?

화장장 굴뚝과 자동차의 배기통과 지글거리는 삼겹살과 고비사막에서 살아남은 개미귀신의 작은 발가락이 너와 나의 조상일지도 모르지만

너는 자라지도 죽지도 더 이상 낡아지지도 않으면서

그렇다고 허공중을 떠나지도 않으면서
누군가의 목구멍에 달라붙어 허파 속으로 들어가고

나는 숨을 곳이 없고
하여, 흉몽처럼 기분이 나쁘고

조왕(竈王)의 노래

부엌신이 국밥을 마는 사이
어머니는 화장장 아궁이 굴뚝을 타고
조왕의 몸으로 오시네

우리는 제상 보시기에 물을 담아 올리네
아궁이에 들지 못한 노래는 어둡고 컴컴하다네
어둑한 것들은 홀로 아가리를 만드는데
조왕은 웅크린 소리를 구들장 고래 속에 감추네
구멍이 깊을수록 아가리는 어수룩해지고
아궁이의 음부는 가락이 들락거리도록 가물하지만

조왕은 연기를 먹어야 불을 지핀다네
바람을 잘라 새끼들을 먹이고
화신을 데려와 무쇠솥뚜껑이 넘치도록 춤추네
사위(四圍)는 크르르 악을 쓰지만
벌거숭이 날을 세워 달의 배를 가르곤
어둠의 회오리를 추어대네

칠흑이 밝아지면 무리는 흐릿해지고
저녁별이 가리마 길 따라 성냥을 그으면
물빛 검은 웅덩이로 자맥질하는 까마귀
안산의 갈라진 틈에서는
이목구비 없는 것들이 합궁하네
황(恍)하고 홀(惚)한 실타래가 풀려 나오네

우리는 부엌신의 설계도를 닦아 노래에 불을 붙이고
조왕은 불의 게임을 시작하네

낮달 하나 던져놓고

그녀의 집에는 도둑이 많았다
그녀는 밤낮으로 도둑을 무찔러야 했다

도둑은 밀대로 파리채로 효자손으로 수없이 두들겨 맞고도 도망가지 않았다 구멍 난 천장에서 밤마다 살금살금 내려오고 중문 뒤에 숨었다가 침대 밑으로 기어들었다 낮에는 장롱 속에서 잠들었다가 텔레비전 속에서 나불거리다가 베란다 군자란을 넘보다가 소파에 누웠다가 화장실을 들락거리다가

도둑이 걸어 다닌 자리마다 패이고 멍들고 조각나고 찢어졌다
이백만 원을 훔쳐간 도둑, 끝내 잡히지 않는 도둑!
도둑을 잡느라 그녀는 밤새워 쪼그라들었다

마침내 그녀는 요양원의 도둑을 잡기 시작했다 그러나 그곳의 도둑은 힘이 셌다 그녀를 침대에 묶어놓고 이번에는 도둑들이 그녀를 잡기 시작했다 어쩌다 그녀를 풀어놔도 도둑에게 공손하게 될 때쯤 그녀는 환자복을 개켜놓고 기저귀를 빼고

알몸으로 침대에 앉아서
'나 집에 보내줘'

어느 날 그녀는 알몸으로 화장장의 도둑을 잡으러 간다고 했다 그녀는 용감하게 화덕 속으로 들어갔다 유리문으로 그녀가 시뻘건 화염이 되어 도둑을 모조리 잡는 것이 보였다

납골당을 나서는데 낮달 하나가 뚝 떨어진다 그것은 내게 달려들어 명치를 콱, 찌르더니 등짝을 후려친다
'이 도둑년아 내 아들 내놔!'
사실 나는 그녀에게서 내 두 아이의 아비를 훔쳤던 것이다

코다리

아래턱이 꿰져서 쇠막대에 줄줄이 매달려서 지느러미 하나 흔들 수 없어도 알 빼주고 간 빼주고 오장육부 다 내주고 아가리 한껏 벌리고

봐, 우린 웃고 있는 거야

옆구리에 시커멓게 난 줄 좀 봐 이제 먹이 같은 건 찾지 않아도 돼
가자미처럼 치사하게 거꾸로 매달리지 않아도 돼

비린내가 좀 나면 어때

오호츠크해였을까 베링해였을까 그 수심의 골목 틈바구니에서
새우를 삼키고도 남는 허기와 아득한 뱃속으로 밀려오는 무수한 출렁임과 냉혈의 물비린내, 그것이 여기까지 오게 한 힘이었지

뱉어내는 거야, 가도 가도 흔들리는 바다

시나브로 말리면 되는 거야 그저 바람에 몸 맡기면 되는 거
야
명태(明太)라는 이름처럼 아주 크고 환하게 입을 벌리고 바
람과 하늘을 마시는 거야

저기 무섭게 몰아치는 파도가 방파제에 와서 스러지잖아
우린 그저 쇠막대와 플라스틱 끈을 믿으면 돼

어느 날 가슴이 토막 날 때까지

어떤 주머니 속

—故 황병승 시인을 추억하며

그 집에 들어서면 낡은 마루 오른쪽에 한 평 정도의 방이 있다 방이랄 것도 없는, 벽돌을 일 미터 높이쯤 쌓고 검은 천을 두른, 마치 휘장을 두른 투표소 같기도 하고 그것을 젖히면 삭망 음식이 차려 있을 것만 같은 방이었다 나는 그때 두어 달 그 위태한 방에서 공부해야 했다 여섯 살 민머리 아이의 외삼촌과 함께

아이는 벽돌을 몇 장 내려놓고 요철무늬처럼 생긴 틈으로 드나들었다 휘장을 들출 때마다 햇살이 번쩍 튀어 달아났다 방울처럼 큰 눈을 가진 아이는 '안경 쓴 이모, 모해?' 그러고는 나를 향해 물총을 쏘고 좁은 뜰을 물바다로 만들고 흙에서 마루까지 달리고 벽을 걷어찼다 외아들인 그 아이는 외아들인 외삼촌과 더불어 그 집의 특별한 왕자였다 아이의 누이 셋과 외삼촌의 누이 셋은 두 왕자와 물 한 잔도 겨룰 수 없었다 야단치는 소리와 누나들의 불평이 자글자글 끓던 집, 도봉구 하계동이었다 아이의 집은 해마다 북쪽으로 올라가서 삼팔선에 점점 가까워졌다

나는 그때 그 방에서 수학 문제를 푸는 것보다 아이의 외삼촌 표정에 대해 더 깊이 연구했다 어느 날 그 외삼촌과 나는 학원을 마치고 남산에 올라갔다 벚꽃이 만발한 날이었다 남산 아래에서 펼쳐지던 밤, 안경을 벗으면 불빛들이 부풀어 올라 꽃처럼 피어났다

외삼촌의 일기장을 누나가 몰래 보았다 나는 그 위태한 방을 나왔다 나는 그 아이와 외삼촌, 밭을 빌려 배농사를 짓는 얼굴이 까만 아이의 부모와 내게 밥상을 차려주시던 아이의 외할머니, 그리고 깨진 벽돌 틈에서 깔깔거리던 햇살과 남산의 풋풋한 꽃밭을 주머니에 넣었다

오늘 문득 그 아이의 외삼촌이 전화를 했다
'병순이가 죽었어'

유리의 시간

전망대 75미터 상공에 유리 바닥이 있다
유리 저 아래에 세상이 있다
발과 발 사이에서 사람들이 걸어간다

엄지발가락에서 뻗어나간 아스팔트 화살표 방향으로 자동차가 달려간다 허벅지 안쪽으로 빛바랜 지붕과 화단들이 몰려오고 있다 종아리 끝에서 나무들이 흔들리고 현기증이 허리를 흔든다

사람들이 유리 데크를 성큼성큼 걷는다
투명한 세상 위를 저벅저벅 걸어간다
누군가 비명을 지른다

아빠가 말한다
유리를 믿어, 이 유리는 너무 튼튼해서 무너지지 않아, 현기증의 스위치를 꾹 잠가봐, 발아래 세상이 무섭지 않을 거야

아빠는 무섭지 않아?

>

난 발가락이 없지
유리 위에 너를 세워둔 걸 깜박했구나

유리 저 너머에 파랗고 잔잔한 바다가 있었다
냉커피를 마실 때 빨대에서 훌쩍거리는 파도 소리가 들려왔다

핑크라인

아스팔트에 선들이 가득하다
가도 가도 끝나지 않는 선들, 무채색의 무표정한 선들, 나는 그 선들에 갇혀서 달린다

갑자기 핑크빛 굵은 선이 다가온다
내게로 달려드는 핑크, 내 앞에 주르르 쏟아지는 핑크, 빈 하늘의 노을처럼 아스팔트에 불을 지르는 핑크

뒤따르던 덤프트럭이 앞질러 간다
그는 핑크에 관심 없다는 듯 고약한 냄새를 뿌리면서 사라진다 이번에는 검은색 승합차가 핑크를 버리고 간다

핑크는 자꾸 달려오고 핑크는 눈을 사로잡고 핑크는 우측으로 빠져야 하고, 핑크는 안양 서판교라는 팻말 쪽으로 가고 있다 그 팻말이 가진 골목들을 나는 모른다 몇 번 구부러져야 하는지 가로등은 있는지

나는 직진을 버린다 핑크를 따라간다

내리막길 저 끝에 좌회전 표시가 있다 두 개의 차선을 가득 채우는 자동차들, 멀리 서판교 빌라촌이 보인다

처음 보는 골목으로 들어선다 1층 지붕 위에 2층집 마당, 2층 지붕 위에 3층집 정원이 있다 하늘 높은 정원에는 낯선 꽃들이 누렇다 핑크는 어디로 갔을까

바이칼호수

비행기를 탔죠 얼마큼 높아지면 당신이 보일까 당신은 지금 어디쯤일까 이르쿠츠크 상공에서 가슴 졸였지요 저기 가로등 근처? 그 너머 어둑한 산등성이 밑? 저기 코가 큰 사람처럼 얼굴 붉은 사람처럼 당신의 발자국을 따라 돌바닥을 걸었죠 어디선가 서늘한 입김이 불어왔죠

당신 냄새 같은 것이 났어요 나, 당신 근처인가요? 당신과의 만남을 약속하겠다고 유혹하는 노랫소리, 당신에게로 가는 유람선을 탔어요 파도치는 물, 바다 같았어요 내게 처음 보인 당신은 물이었지요 안개 속에 가득 널린 물이었지요 비가 오고 바람이 불었지요 나는 당신 위에 떠 있었지요

선실에서 우리는 보드카 한 잔과 뜨거운 훈제 오물*의 껍질을 벗기고 먹으면서, 당신 속에 있다는 서먼바위를 생각했죠 뿔처럼 솟아 있다는 그 밑에서 소용돌이친다는 당신, 겨울에도 얼지 않는다는 당신, 그때 당신은 목젖에서 식도로 퍼져가는 열기였지요 낯선 맛이었지요 이름 없는 노래와 알 수 없는 슬픔 같은

나는 당신에게 살며시 손을 담가봤지요 어떤 맛도 아니었지요 아니, 어떤 맛이었지요 당신 속의 돌멩이 하나를 집었죠, 그때 당신은 당신 속의 돌멩이 하나, 시베리아의 푸른 눈에 박힌 돌멩이 하나였지요

---

* 오물: 바이칼호수에 서식하는 물고기.

‘왜’와 ‘어떻게’의 드라마

등꽃은 왜 매달리면서 피어야 할까
진하고 덜 진한 연보랏빛은 왜 우글거리는 걸까
다른 나무를 타고 올라간 그늘은 왜 어두울까
그늘 속 은방울꽃은 왜 고개를 숙이고 있는 걸까
그 방울에선 왜 소리가 나지 않는 걸까
봉분 사이 서슬이 푸른 고사리는
꼬불꼬불한 흰 솜털에서 어떻게 벗어난 걸까
나는 왜 봉분 위 허옇게 말라가는 잔디에
메밀전과 참외를 놓고 돌화병에 조화를 꽂았을까
내가 두 번 절할 때 호랑나비는 왜 왔다 갔을까
관이 지나던 자리를 걸어 나올 때
왜 휘파람새는 계곡 쪽으로 날아갔을까
계곡의 갈라진 바위틈은 왜 암컷의 틈으로 보이는 걸까
틈에서는 왜 자꾸 물이 흘러내리는 걸까
왜 물 빠진 단풍나무가 하늘을 받치고 있는 걸까
계곡에 발을 담그면 왜 하늘은 부서져 내리는 것일까

상석 옆구리에 새겨진 수많은 이름자처럼

개구리 알 더미에 박힌 새카만 점들이 꼬물거린다
야광나무 꽃잎이 물 위에서 또 한 번 핀다

한강 하구로부터 90킬로미터 지점

꽃그늘 속에 여자가 누워 있다
아까는 그렇게나 많이 웃었는데 지금은 입가 주름이 멈춰 있다
주름은 아직 말랑말랑하다
치즈처럼 늘어날 것 같다

웃음이 막 지나간 곳, 누군가의 체취가 묻어 있는 곳, 여자는 빨간 운동화를 벗어놓고 마스크를 내려놓고, 환한 스카프에

목 졸린 듯
죽은 듯
까무러친 듯

흰나비와 노랑꽃잎 사이를 지나 벌들이 꽃술을 빠는 사이를 지나 바람에 꽃 대궁이 쓰러지는 사이를 지나 자꾸 하늘을 벗어나는 구름과 붉은 대낮과 유월을 지나 어디론가 바삐 가는 개미떼를 지나

>

여자가 깨어나고 있다

빨간색 운동화를 찾아 끈을 매려는 듯 스카프를 고쳐 매려는 듯 머리칼을 쓸어 올려 눈꺼풀을 열려는 듯

이별의 수효

한 사람과 이별하네 루와 커피를 마시며 고양이 발톱을 싫어하는 사람과 이별하네 반지를 꼈던 손가락을 문지르며 빈 손톱에 초록 매니큐어를 칠하며 남프랑스에 와서 다시 이별하네 호밀빵에 버터를 발라 이별 하나를 삼키네 스파게티에 돌돌 말아 이별 두 개를 씹네

나는 이미 한 사람과 수많은 이별을 했네

마르세유 항구에는 제목도 모르는 노랫소리 들끓는데 한 쌍이 붙어서 춤을 추고 있는데 지중해를 끌어안고 스텝이 돌고 있는데 돛을 내린 요트가 흔들릴 것도 같은데 매인 배들 사이 구정물 같은 바다에서 무슨 알지도 못할 바닷고기가 찌를 흔들 것도 같은데

하오의 바다 표면에는 이별이 수없이 번쩍거리네 버스를 기다리는 한 떼의 무리들, 아직도 얼마나 많은 이별을 거두어야 하는지 한 사람과 그렇게나 많은 이별을 해야 하는지 이별은 도대체 몇 자릿수인지 이별은 이별과 이별하고 있을 뿐인지

해설

존재와 시간에 대한 성찰

이경림(시인)

원도이의 시는 존재와 시간에 대한 성찰의 시라 할 수 있을 것 같다. 존재도 시간이긴 매한가지지만 존재는 시간의 찰나적 나툼이라 그 둘은 부분과 전체라 할 수 있기 때문이다. 시간이 영원의 움직이는 영상이라고 한 플라톤의 말 속에는 존재로 현현되는 가시적인 시간들과 아직 존재가 되지 못한 그러나 시간이라는 개념 안에 포함될 수밖에 없는 미시적 시간의 관계가 잘 나타나 있다. 라캉은 '본다'는 행위를 주체의 의식적인 눈이 보는 시선과 주체의 욕망이 불러일으키는 '대상의 응시(Blick)'로 구분하면서 더 구체적으로 주체성 형성의 세 가지 영역인 상상계(dasImaginäre), 상징계(das Symbolische), 실재계(das Reale)로 나누고 있다. 원도이 시인은 그 세 종류의 세계를 특유의 감각과 기법으로 드러내고 있어 흥미롭다. 예를 들어 주변에 산재해 있는 가시적 존재들(실재계)과 가시적 존재 뒤에 숨어 어떤 의미로 존재하는 것들(상징계), 또 비가시적 세계에 있을 법한 현상을 영감으로 그려보는 것들(상상계)을 같은 무게로 놓고 마치 눈앞에서 보듯 드러내고 있다.

원도이는 현상을 통해 그 너머를 꿰뚫어보는 눈이 있다. 그는 경쾌하고 유머러스하고 거침이 없는 언어로 세계를 만화경처럼 그려낸다. 그가 다루는 소재는 자신이 사는 도시 주변 풍경들, 사물들, 또 기억이나 상상 속에 살고 있는 온갖 것들 등 지극히 상식적이고 평범한 것들이다. 자칫 상투적으로 흐르기 쉬운 이런 익숙한 소재들이 그의 기발한 상상력과 현미경 같은 눈에 잡히면 불현 생면부지의 이미지가 되어 엉뚱한 얼굴을 하고 독자의 앞에서 통통 튀어 다니곤 한다. 그 힘은 아마도 그의 주특기인 극사실적 관찰에 있는 것이 아닐까 생각된다. 원도이는 이 시대의 온갖 존재들의 삶을 특유의 이미지로 몽타주하여 보여주는 독특한 기획자다. 사실 현상을 관찰하는 일은 시작의 기본이지만 비가시적인 것들을 눈에 보이듯 그려내는 작업은 결코 만만치 않다. 그것은 불가지(不可知)의 영역인 본질에 대한 탐구에 속하기 때문이다. 시시각각 나타나는 현상들은 모두 비가시적 영역을 포함하고 있는데 이 시집에는 그 두 영역이 같은 무게로 드러나 있는 것이 특징이라 할 수 있겠다.

1. 비가시적 그 무엇의 말

아래 시의 화자는 무어라 이름 붙일 수 없는 그 무엇이다. '것'이라는 의존명사를 쓸 수조차 없는 그 무엇은 지금 어느 산부인과 병실에서 불임환자와 의사의 말을 엿듣고 그 장면을 장난스럽게 들려주고 있다.

> 불임상담실은 어둡다
> 늙은 의사는 종이에 숫자를 적어 누군가에게 내민다
> '이날에 숙제를 꼭 하세요'
>
> 나는 볼펜의 방향을 따라 미끄러지다가 숫자에 앉아서 빤히 쳐다본다 나는 의사의 목소리를 집어타고 누군가의 귓바퀴를 맴맴 돌다 달팽이관을 지나 대뇌로 도착하기까지의 긴 여행을 즐기다가
>
> 그때 나는 아무것도 아니었고 없는 채로 세상은 널려 있었고
>
> 샤워하는 머리칼에서 떨어져 하수구의 어둡고 좁은 틈 바구니를 지나 탄천으로 흘러갔고 잉어가 나를 삼키고 나는 잉어를 빠져나오고, 그때 나는 첫봄의 물빛도 비린내도

아니었고 생각도 아니었고 거친 목소리도 아니었고 서랍
속 제습제는 더욱 아니었고

말하자면 그때, 나는 단지 식탁에 놓아둔 컵의 빈 공간

—「비로소 내가 괄호 안에 들어가게 되었을 때」 부분

불임상담실에서 의사와 환자가 이야기를 하는 동안 화자인 그 무엇은 마치 애니메이션의 주인공처럼 의사가 든 볼펜의 방향을 따라 미끄러지다가, 의사가 쓴 숫자에 앉아서 빤히 쳐다보기도 하고, 의사의 목소리를 집어타고 누군가의 귓바퀴를 맴맴 돌다가, 달팽이관을 지나 대뇌로 도착하는 긴 여행을 즐기기도 한다. 아직 생명이 되지 않은 그 '무엇'은 형체도 없고 냄새도 없고 미세한 낌새마저도 없다. 그런 자신의 상태를 그는 "그때 나는 아무것도 아니었고 없는 채로 세상은 널려 있었"다고 말한다. 대체 우리는 그것을 무어라 해야 할까? 공기? 어떤 기류? 무(無)?

그런 그에게도 길이 있어 어떤 행로를 따라 가는데, 그 길은 "샤워하는 머리칼에서 떨어져 하수구의 어둡고 좁은 틈바구니를 지나 탄천으로 흘러갔고 잉어가 나를 삼키고 나는 잉어를 빠져나"오는 등 하나같이 인간과 관계가 있는 가시적인 것들이다. 아무것도 아닌 자신을 증명하기 위해 그가 선택한 길은 가시적인 것에 자신의 몸을 싣는 방법이었다. 이 부분은

노자의 말, 유무상생을 생각하게 하는 구절이다. 그런데 다음 구절 "그때 나는 첫봄의 물빛도 비린내도 아니었고 생각도 아니었고 거친 목소리도 아니었고 서랍 속 제습제는 더욱 아니었고"라는 대목에서는 앞의 구절과는 반대로 자신의 몸이 실려 가는 것을 부정함으로서 자신을 드러내고 있는 점이 흥미롭다. 그러나 그것들을 잘 보면 하나같이 보이지는 않지만 오감으로 느낄 수 있는 것들이다. 보이지 않는다는 점에서는 화자와 같은 정체성을 가지고 있지만 '오감으로 느낄 수 있다'는 점은 화자와 변별성이 있는 것들이기 때문이다. 즉 그는 오감으로 느낄 수 있는 것은 아무것도 아닌 것이 아니고 그것도 일종의 존재라는 것이다. 즉 아무것도 아닌 것은 오감으로 느낄 수조차 없는 그 무엇이라는 말일 것이다.

다음으로 '지진'이라는 비가시적 존재(아무것도 아닌 것)의 입을 빌어 그것의 본질을 이야기하고 있는 시 한 편을 더 보자.

새가 나뭇가지에 출렁 앉을 때
일몰의 눈썹 사이에서 태어난다
나는 새와 나무의 증거

나무는 잎사귀로 말하고 바람은 가지로 노래한다
새가 먼저 문을 연다
우듬지가 땅에서 가장 멀리 달아나도록 하늘을 밀쳐내고

꽃빛의 음률을 목젖에 넣어둘 때

나뭇잎은 파도치고 지층 아래 켜켜이 쌓이고
심폐 가득 자란 새소리가 집을 부순다
벽이 나무 쪽으로 넘어진다
나무는 땅 밑으로 도망치고
파동 치는 슬픔의 푸른 근육들은 자란다

쉬지 않고 매 맞는 당신
누구?

새들은 왜 자꾸 별을 물어오나
기지개를 켜고 뿌리를 뒤트나

속도가 다른 질문들이 출렁인다
당신은 아주 잘생긴 지진
나는 달린다 당신의 어깨에서 팔뚝으로 발끝으로
체위를 바꾸려고

나는 어디에나 있다
친절도 악의도 없이
내가 낳은 행성처럼 몸을 뒤집는

—「내 이름은 지진」 전문

위 시에서 화자는 자신이 "새와 나무의 증거"라고 말한다. 새와 나무라는 가시적 존재를 통해야 자신을 증명할 수 있는 무엇이라고. 그는 자신이 "새가 나뭇가지에 출렁 앉을 때/일몰의 눈썹 사이에서 태어난다"고 말한다. 일몰의 눈썹 사이는 어딜까? 일몰은 실체가 없는 현상이다. 그것은 눈썹이 없다. 그런데 그것이 낳은 그것 역시 몸은 없지만 어떤 작용으로 존재하기는 매한가지다. 작용이란 어떤 실체에 기대 자신을 나타내는 것인데 그 실체란 것이 이 시에서는 나무, 새, 집, 벽, 땅 등이다. 그것들을 흔들고 넘어뜨리고 부수고 땅속으로 밀어 넣으며 변화시킴으로서 자신을 증명하는 것이 지진이다. 그것들은 앞의 「비로소 내가 괄호 안에 들어가게 되었을 때」에 나타난 하수구, 머리칼, 잉어 같은 가시적 이미지들로 동원된 것들이라 할 수 있을 것이다. 가시적인 것과 비가시적인 것이 서로를 증거해야 하는 것이 존재라면 결국 그들은 하나라 할 수 있지 않을까?

2. 반 존재와 상상적 존재의 말

나는 당신의 자궁 속에 누워 있어요

당신은 나를 '내 귀여운 이리', 하고 부르지요
'나의 짐승이여', 하고 탄식하듯 말하지요
나는 지금 보이지 않는 사거리로 뛰어나갈
발목을 만드는 중

마흔다섯 번의 입맞춤이
나를 배달하였을지도 몰라요
열아홉의 스킨십이 눈꺼풀을 만들 때
백여덟 개의 솜털이
당신 우주의 중심에 쏟아졌을지도 몰라요

—「무명」 부분

인용 시는 가시적인 존재의 괄호 안으로 편입되었으나 아직 한 존재로서 구체적인 형태를 갖추지 못한, 말하자면 있다고도 없다고도 말 못할 반 존재로 등장한다. 이 시에서 시인은 아무것도 아닌 그 무엇이 아무것으로 화(化)하는 데는 다만 '마흔다섯 번의 입맞춤과 열아홉 번의 스킨십' 정도가 필요할 뿐이라고 생각한다. 존재의 생성도 우주의 순환 과정의 일부여서 우연이며 필연이기도 하지만 지극히 자연스러운 일이라 생각하는 것이리라. 그러나 "열아홉 번의 스킨십이 눈꺼풀을 만들 때/백여덟 개의 솜털이/당신 우주의 중심에 쏟아졌을지도 몰라요"라는 구절은 존재 생성의 신비가 온몸으로 느껴지는 대목이다. 이렇듯 원도이는 딱딱하고 철학적인 주제들을 자신의 시 속으로 끌어들여 가볍게 들어 올리는 힘을 가지고 있다.

울지 말래두! 울면 저기 곰쥐가 와서 콱 물어! 죽은 할머니가 말한다 나는 웅얼거린다 알캉 달캉 알캉 달캉 아, 오늘은 무얼 먹을까

지붕 아래는 아기와 죽은 할머니가 잠들고 그 잠을 따라 안도하는 나의 별들, 별은 너무 높은 곳에 있어 거기에도 아프리카가 있을까 별들이 죽지 않는 숲, 허기가 무럭무럭 나무가 되는 나라

조금 따뜻해진 것 같은 기분으로 나는 밤을 갉는다 곰쥐처럼 할머닌 틀렸어 곰쥐는 물지 않는다구 밤새 들보를 갉아대는 거야, 밤은 늘 어둡고 어둠은 공기처럼 숨을 쉬고 결코 썩지 않는다 바스락바스락 천장과 지붕 사이에서 누군가 싼 똥들이 굴러다니는 공중에서 나무토막 같은 밤을 갉는다 갉아도 갉아 먹어도 배고픈 새벽이 오고

조금씩 벼려지는 곰쥐의 이빨, 벼려질수록 들보는 가늘어지고 언젠가 집이 무너지는 걸까 무너진 만큼 귀와 눈은

밝아질까 사부작사부작 밤새 보따리를 싸던 할머니의 치매처럼 시골집 달아난 황소를 찾으러 간다고 번득이던 할머니의 눈동자처럼 때가 되면 언제나 곯아떨어지는 할머니의 그 새벽처럼

들보를 갉다가 통나무 같은 울음을 갉다가 건너편 잠들지 않는 지붕과 지붕 사이를 건너다니다가 어둠이 가고 다시 오고 몸통은 작아지고 꼬리는 점점 길어지고 얼굴도 없이 귓바퀴만 커지고

—「곰쥐」 전문

할머니의 이야기 속에나 등장하는 상상의 존재인 곰쥐가 화자인 이 시를 잘 보면 곰쥐가 사는 천장 속과 그 아래 세상이 함께 그려지고 있다. 불과 수십 년 전만 해도 한옥 천장 속에 쥐들이 우당탕거리며 뛰어다니는 소리를 들을 수 있었다. 그러나 할머니가 아이 울음을 그치게 한 그 곰쥐가 정말 있었는지 아는 사람은 별로 없다. 아마도 '큰 쥐'라는 뜻으로 부풀려진 말로 생각되지만 이때 곰쥐는 내게는 신화적 존재로 기억되곤 했다. '쉿, 저기 곰쥐 온다' 하며 업힌 아이를 다독거리던 할머니의 손길과 따뜻한 등의 감촉, 등잔불이 깜빡거리던 그 아득한 공간은 곰쥐에 대한 추억을 무서움보다는 따뜻하고 아득한 전설적 공간으로 기억되게 하기 때문이다. 인용

시에서 곰쥐가 하는 일은 절대로 썩지 않는 어둠 속에서 밤새 대들보를 갉는 일인데 이 대들보는 그저 대들보이기만 할까? 곰곰 보면 곰쥐는 밤으로 지칭되는 자신의 세계인 어둠(원형의 시간) 속에서 자신의 시간 즉 대들보를 갉는 것이다. 그러나 그 작업은 결국 자신의 세계를 무너뜨리고 자신도 점점 작아지며 결국 실체는 없고 꼬리만 길게 남은 이야기가 된다는 것. 상상적 존재를 등장시켜 존재들의 생을 리얼하게 보여주는 작품이라 하겠다.

3. 가시적 존재들의 세계

앞에 인용한 시들에서 시인이 비가시적 존재들의 말을 들려주고 있다면 다음의 시들은 가시적 존재들의 세계를 섬세하게 그려냄으로서 그 속에 감춰진 말들을 읽어낸다고 할 수 있다. 이탈리아 여행길에서 본 풍경을 다룬 다음 시를 보자.

> 그곳의 집들은 예쁜 창문을 갖고 있어요 멀리서 바라보면 검은 구멍이 네 개 혹은 여덟 개씩 뚫려 있어요 그 속에 사람들이 살고 있겠죠 구멍 속에서 빵을 먹으며 구멍 속에서 포도주를 마시고 구멍 속에서 킁킁대다가 구멍을 맞대고 사랑하겠죠

구멍이 예뻐서 쳐다보는데 사진을 찰칵 누르려는데 테라스에 코 큰 남자가 담배를 피우고 있는데 아, 글쎄 수영복 가슴이 환한 여자가 구멍 속에서 튀어나오는데 부둥켜안기에 테라스는 너무 좁은데

길이 북적대요 카페가 넘쳐요 구멍을 뛰쳐나온 사람들이 많은가 봐요 지중해의 햇살을 목덜미에 팔뚝에 바르고 구멍마다 햇빛을 부어 청소를 하나 봐요 구멍으로 떠들고 구멍으로 웃으며 구멍으로 노래해요

사람들은 구멍들의 놀이를 구경하고 종들은 구멍들이 편안하라고 뎅뎅거리고 사람들은 구멍들 사이로 구멍을 뚫고 구멍 속을 걸어 다녀요 주렁주렁 구멍을 달고 제 몸이 구멍인 줄도 모르고

—「이탈리아식 구멍」 전문

원도이 시인이 가지고 있는 특유의 이야기꾼 기질과 유쾌하고 거침없는 언어적 특성이 고루 잘 나타나 있는 시라고 할 수 있다. 여행길에서 본 풍경을 스케치하듯 그려낸 「이탈리아식 구멍」은 인간 삶의 조밀한 풍경들과 그 속에서 읽을 수 있는 삶의 본질이 원도이 특유의 경쾌한 언어와 거침없는 문장으로 나타나 있다. 멀리서 본 이탈리아 집들은 검은 구멍처

럼 보이고 시인은 그 구멍 속에서 빵을 먹고 포도주를 마시고 구멍을 맞대고 킁킁 대며 사랑을 하는 사람들을 본다. 시인은 거리에 넘쳐나는 사람들 역시 자신의 검은 구멍을 뛰쳐나온 사람들이며, 그들 모두 구멍으로 떠들고 구멍으로 노래하고 구멍으로 밥 먹는 존재라는 인식에 이른다. 그리고 존재란 검은 구멍들이 아닌가? 하는 결론에 도달하게 된다. 이 대목은 스티븐 호킹의 '검은 구멍이 검다면 어떻게 볼 수 있을까?' 하는 물리학적 명제가 떠오르기도 하는 부분이기도 하다. 우주도 크고 작은 검은 구멍이어서 구멍이 구멍을 낳고 구멍에서 살다 구멍에서 죽는다. 결국 모두가 구멍이 되는 존재라면 이 가지가지 구멍들의 세계는 얼마나 신비롭고 스펙터클한가?

4. 구멍 속을 달리는 구멍들의 길

「이탈리아식 구멍」에서 세계는 한 구멍 속이고 그 속의 존재 역시 어떤 검은 구멍에 지나지 않는다, 라는 명제를 읽을 수 있었다면 아래의 시는 그 구멍 속 세계가 가지고 있는 속성을 보여주고 있어 흥미롭다.

> 소실점 가까이 안도의 세계가 보인다 세계는 점점 커지
> 다가 갑자기 입을 벌린다 시커먼 구멍, 일단 통과해야 한

다 그 속이 비밀이든 수렁이든

영원도 낙원도 보이지 않는다 일정한 간격으로 켜져 있는 위성만 보인다 궤도를 따라가는 것 외에 다른 방법은 없다 과연 출구는 있는 걸까 자동차는 멈출 수 없다

졸지 마! 잠들지 마! 대신 새소리를 들려줄게, 얼굴 없는 새가 고래고래 운다 가만두지 않을 거야 조심해! 꿈꾸지 말란 말야! 사이렌이 비명을 지른다 나는 무지개를 놓친다 검푸른 보라색이 천장에서 어른거린다 물고기가 길을 잃고 허공에서 돌아다닌다

타이어들이 맹렬히 진동한다 세계는 끝없는 직진이다 백두대간을 지나 지하 550미터 지점을 달리고 있다 문득 숨통이 조여온다 천장 끝에 매달린 환풍기가 금방 떨어질 것만 같다 거대한 두 개의 회전판, 공회전이다

초록별을 따라간다 새로운 세계가 보이는 것 같다 출구를 빠져나온다 그러나, 거기 또 다른 아가리가 도사리고 있다

—「터널」 전문

터널 속을 통과하는 동안의 다가오는 현상들을 그대로 쓴 시. 멀리 소실점이 닿을 듯 보이는 그곳은 캄캄하고 기다란 어떤 구멍인데 그곳은 브레이크 밟는 일이 허용되지 않는 직진의 세계라는 점에서 생이라는 터널의 속성과 같다. 끝이 처음부터 정해져 있는 이 구멍은 정해진 궤도를 따라가야 하는 일방적인 세계다. 천장에 일정한 간격으로 켜져 있는 불빛들과 졸음방지용 가짜 새소리만 고래고래 우는 이상한 세계. 꿈을 꾸어도 안 되고 깜빡 졸아도 안 되는 잔인한 구멍의 길을 지칠 때까지 달려 그 끝에 이르지만 거기엔 또 다른 구멍이 입을 벌리고 있다는 것. 삶이란 구멍에서의 탈출이 죽음인 줄 알지만 그곳 역시 또 다른 구멍(꿈) 속이라고 말한 장자의 호접지몽을 생각하게 한다. 탄생의 순간부터 생이란 일방통행의 구멍 속을 꾸역꾸역 달리는 것밖에는 선택의 여지가 없는 존재들의 근원적 슬픔이 돋보이는 작품이라 할 수 있다.

쓰고 보니 주제가 너무 무거운 쪽으로 기울어 경쾌하고 발랄한 시들을 자칫 무겁게 보이게 하지는 않을까 저어되기도 한다. 그러나 원도이의 시는 그 경쾌함 속에 든 묵직한 주제를 간과해서는 안 된다고 분명 말하고 있다. 그의 시는 모든 현상, 모든 존재에 대한 끝없는 질문 끝에 비로소 얻은 발견이라 할 수 있다. 그것이 무엇인지에 대해 보르헤스는 "신이 하늘과 땅과 우리가 살고 있는 불가시적인 에덴동산을 만들기 위해 사용했고 원죄가 우리로 하여금 보지 못하게 하는 어떤 것"이라고 했다. 그리고 그것은 많은 것을 내려놓고 더없이 가벼워질 때 보이는 무엇이라고 선인들은 말한다. 다음의 시구처럼……,

가벼운 것들은 춤출 수 있다 나비처럼 새처럼

가벼운 것들은 망가지고 깨지고 산산조각 나고 짓밟히고 죽을 수 있다

비로소 사방으로 내려앉아 꽃이 될 수 있다

—「꽃잎」 부분

이 도서의 국립중앙도서관 출판시도서목록(CIP)은 서지정보유통지원시스템 홈페이지(http://seoji.nl.go.kr)와 국가자료공동목록시스템(http://www.nl.go.kr/kolisnet)에서 이용하실 수 있습니다.(CIP제어번호: CIP2020042214)

시인동네 시인선 137

비로소 내가 괄호 안에 들어가게 되었을 때

초판 1쇄 인쇄 2020년 10월 14일
초판 1쇄 발행 2020년 10월 21일
지은이 원도이
펴낸이 김석봉
디자인 헤이존
펴낸곳 문학의전당
출판등록 제448-251002012000043호
주소 충북 단양군 적성면 도곡파랑로 178
전화 043-421-1977
전자우편 sbpoem@naver.com

ISBN 979-11-5896-490-0 03810